シニアのドキドキ！ ハートマーク体操＆ゲーム50

楽しい体操インストラクター
斎藤道雄 著

黎明書房

はじめに

シニアがドキドキするハートマーク体操

この本は，シニアの胸の高鳴る体操とゲームの本です。

この本をつくるきっかけとなった，あるエピソードがあります。
はじめに，そのエピソードをご紹介します。

ボクは，よくグーパー体操をします。
でも，ただのグーパー体操ではありません。
シニアの心を刺激するのです。

やりかたはこうです。
① ボクがその人の目の前に立つ。
② しっかりと目と目を見つめ合う。
③ 胸の前で両手をグー。
④ ハイタッチするようにして，両手をパー。
⑤ 最後にニッコリ笑う。

これを，一人ひとりとします。
ボクが笑うと，相手も笑ってくれます。
なかには，「ありがとー！」とおおよころびしてくれる人もいます。
「サンキュー！」と言ってくれる男性シニアもいます。

そんなある日，事件は起きました。

ある女性シニアの前でグーパーをしていたときのことです。
いつもなら目と目を見てグーパーします。

ところが。

その人は，なんと，指でハートマークをつくったのです。

「ハートマーク ?!」
「これって，告白 ?!」

思わずドキドキしてしまいました。

「こんなふうにすれば，グーパー体操はもっとおもしろくなる！」

そう確信しました。
それ以来，このハートマーク，活用させてもらっています（感謝）。

ということで，この本は，ドキドキのハートマーク体操＆ゲームです。

ハートマーク体操とは？
たとえば。

支援者とシニアがいっしょにハートをつくる，合体ハートマーク（38 ページ）。

ハートを相手を変えながら連続で送る，ハートの連続パス（39 ページ）。

ほかにも，天使のハートや，特大ハート，グーハートなどなど。
♥マークのオンパレードです。

この本で，支援者もシニアもドキドキしてください。

刺激と変化のあるハートマーク体操をお楽しみください。

みちお先生のハートマーク体操
10 の特長

1　ドキドキする
シニアの胸の高まる体操とゲームです。

2　足腰を鍛える
運動不足を解消して，足腰を強化します。

3　準備なしでできる
道具，準備一切不要です。

4　座ったままでできる
イスに腰かけたまま，立ち上がったりしなくてもできます。

5　かんたんにできる
複雑でむずかしい動きはありません。シニアにかんたんにできる動作です。

6　声を出す
元気に声を出しながら，体を動かすことができます。

7　笑いが生まれる
みちお先生の笑いのノウハウを実践して，シニアも支援者も笑顔になります。

8　介護現場のレクや体操に役立つ
体操の知識や技術を獲得することで，支援者のレクリエーション活動の負担が軽減します。

9　一人でもできる
シニアおひとりさまにも活用できます。

10　脳の活性化になる
頭と体をいっしょに動かすことで，脳の活性化になります。

この本の使い方

① はじめにおススメの体操をしましょう！

↓

② ほかの体操にもトライしましょう！

↓

③ お気に入りの体操があれば，おススメの体操と入れ替えましょう！

朝の おススメ体操	16 三日月のポーズ ↓ 24 ページ お気に入りの体操記入欄	手を替えて 同様に
昼の おススメ体操	21 入場行進 ↓ 30 ページ お気に入りの体操記入欄	足ぶみ8歩 → ピタッ 4回繰り返す
夜の おススメ体操	24 親指づかみ ↓ 33 ページ お気に入りの体操記入欄	カー杯 にぎります 手を替えて 同様に

も く じ

Ⅰ　ドキドキの体操

Ⅱ　ドキドキのストレッチ

VI　ドキドキのゲーム

❶ 手裏剣拍手

手裏剣を投げるようにして手をたたきましょう！

ねらい
とききめ　◯ 手先の器用さ維持

楽しみかた

① 胸の前で両手を構えます。
② 手裏剣を投げるようにして，手を 10 回こするようにたたきます。
③ 上下の手を替えて，同様にします。

みちお先生のケアポイント

・投げるときに，「シュッ」と声を出して，どうぞ！

笑いのテクニック
・速く投げたり，ゆっくり投げたり，リズムに変化を加えると楽しいです！

❷ じゃんけん時代劇

勝ったら斬(き)るマネを，負けたら斬られるマネをしましょう！

ねらい
とききめ　（反応力アップ）

楽しみかた

① 支援者とシニアでじゃんけんをします。
② 勝った人は刀で斬るマネを，負けた人は斬られるマネをします。
③ 楽しくできたら最高です！

みちお先生のケアポイント

・できる限り大げさなアクションで，どうぞ！

笑いのテクニック
・じゃんけんで勝ったのに斬られる動作をして，わざと動作を間違えても楽しいです！

③ ドキドキの投げキッス

投げキッスをするようにグーパーしましょう！

ねらい
とききめ 　（手先の器用さ維持）

楽しみかた

① 　支援者はシニアと向かい合わせになります。

② 　投げキッスをするイメージで，口元でグー，手のひらを上にしてパーをします。

③ 　目と目をしっかり見つめ合って，どうぞ！（4往復）

みちお先生のケアポイント

・自分の中で一番の笑顔でしましょう！

笑いのテクニック

・大げさなアクションですると，もっと楽しくできます！

④ ドキドキハートのキャッチボール

両手でハートマークをつくって，投げたり捕ったりするマネをしましょう！

ねらい
とききめ　（手先の器用さ維持）

楽しみかた

① 支援者は，両手でハートマークをつくります。そのあとで，ハートを投げるマネをします。
② シニアは，ハートを両手でしっかりとキャッチするマネをします。シニアは，それを支援者に返します。
③ 目と目をしっかりと見つめ合って，どうぞ！（4往復）

みちお先生のケアポイント

・ハートマークは，親指を下にしてつくるとじょうずにできます！

笑いのテクニック
・いかにもハートがあるようなイメージで投げたり捕ったりすると，楽しくできます！

⑤ みんなでグーチョキパー

元気に明るく声を出してグーチョキパーをしましょう！

ねらい
とききめ　（声を出す）（握力アップ）

楽しみかた

① 　4，5人で円になります。

② 　誰かが「グーチョキパー」と声を出して，全員でグーチョキパーをします。

③ 　次に隣の人が「グーチョキパー」と声を出して，同様にします。繰り返して，一周したら，全員で拍手をして終わります。

グーチョキパー

みちお先生のケアポイント

・余裕があれば，2周したり，3周したりしてもオッケーです！

笑いのテクニック

・明るく元気に声を出してすると盛り上がります！

⑥ わんこそば体操

おはしとお椀(わん)を持って，美味しそうにそばを食べるマネをしましょう！

ねらい とききめ　（手先の器用さ維持）（イメージ力アップ）

楽しみかた

① シニアは，片手におはし，反対の手にお椀を持ち，そばを食べるマネをします。

② 支援者は，（わんこそばのように）そばをお椀に入れるマネをします。

③ シニアは，そばを食べるマネをします。それを繰り返します。シニアがお椀にふたをしたら，両手を合わせて，「ごちそうさま」と言っておしまいです。

みちお先生のケアポイント

・いかにも美味しそうに食べるマネをしましょう！

笑いのテクニック

・支援者は，シニアが食べてる最中に，そばを追加しても笑えます！

⑦ かぞえて拍手

声を出して数をかぞえて手をたたきましょう！

ねらい
とききめ　〔 声を出す 〕〔 リズム体感 〕

楽しみかた

① 　支援者はシニアといっしょに手を8回たたきます。

② 　支援者は手をたたきながら「いち，にい，さん，しい」と言います。

③ 　シニアも同様にして，「ごお，ろく，しち，はち」と続けます。一休みして，4回繰り返します。

いち，
にい，
さん，
しい

ごお，
ろく，
しち，
はち

4回繰り返す

みちお先生のケアポイント

・明るく元気に声を出しましょう！

笑いのテクニック

・頭の上で手をたたくと，雰囲気が盛り上がります！

8 リズム指体操

「ふるさと」を歌いながら指先を動かしましょう！

■ **ねらい**
　ときめき　　（声を出す）（手先の器用さ維持）

楽しみかた

① 「ふるさと」（♪うさぎ追いし　かの山〜）を歌いながら指体操をします。

② 「うさぎ追いし　かの山」は両手でグーチョキパー 4 回,「こぶなつり
　し　かの川」も同様にします。

③ 「夢は今も　めぐりて」拍手を 12 回します。「わすれがたき　ふるさと」
　②と同様にします。

うさぎ追いし　かの山　　　　　　　こぶなつりし　かの川

夢は今も　めぐりて

わすれがたき　ふるさと

みちお先生のケアポイント

・うさぎ（グーチョキパー）追いし（グーチョキパー）かのや（グーチョ
　キパー）ま（グーチョキパー）のリズムですると, かんたんです。（動
　作と歌詞が正確でなくてもオッケーです！

笑いのテクニック

・1 回目はゆっくり, 2 回目はふつうに, 3 回目は速く。徐々にテンポアッ
　プすると楽しくできます！

⑨ 笑って指伸ばし

ニッコリ笑って指を全開にしましょう！

ねらい
とききめ　　（ 指のストレッチ ）

楽しみかた

① 両腕を前に伸ばして，両手をパーにします。

② ニッコリ笑って，できる限り全部の指をいっぱいにひらきます。

③ 一休みして，4回繰り返します。

4回
繰り返す

みちお先生のケアポイント

・親指と小指を意識してひらくようにしましょう！

笑いのテクニック

・支援者とシニア，ふたりで向かい合わせになって，目と目を見てするとドキドキします！

⑩ シーソー

シーソーのイメージで，大きくなったり，小さくなったりしましょう！

ねらい
ときめき　　(姿勢保持)　(背中のストレッチ)

楽しみかた

① 支援者はシニアと向かい合わせになります。

② 支援者が背筋を伸ばして胸を張ったら（大きくなったら），シニアは背中を丸めます（小さくなります）。

③ 反対に，支援者が背中を丸めたら（小さくなったら），シニアは背筋を伸ばして胸を張ります（大きくなります）。シーソーをしている感じで，どうぞ！

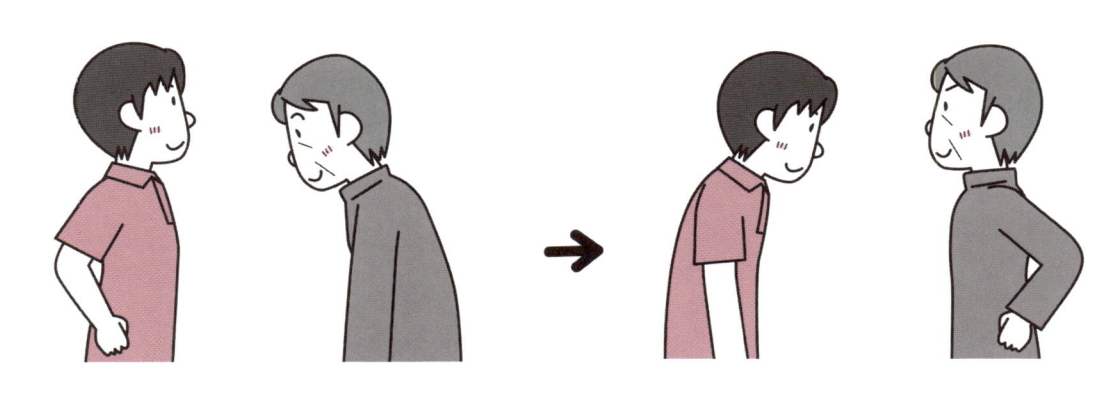

みちお先生のケアポイント

・ゆっくりとていねいに動作しましょう！

笑いのテクニック

・支援者は，途中でわざと動きを止めて，フェイントを入れても楽しいです！

⑪ チャチャチャ・オー

3回手をたたいて，力強くこぶしを振り上げましょう！

ねらい とききめ 〔 声を出す 〕 〔 元気が出る 〕

楽しみかた

① 「チャチャチャ」と言いながら，3回手をたたきます。

② 「オー！」と言って，片手をグーにして，上にあげます。

③ 元気にできたら最高です。

チャ チャ チャ　オー！

みちお先生のケアポイント

・声を出しながら動作をするとリズム感がよくなります！

笑いのテクニック

・3人以上で同時にすると，その場の雰囲気が盛り上がります！

⑫ ビッグウェーブ

波のように両腕を上げたり下げたりしましょう！

ねらい
ときめ リラックス しなやかさ

楽しみかた

① 両腕を前に伸ばして手のひらを下にします。
② （波のイメージで）ゆっくりと大きく両腕を上げたり下げたりします。
③ 一休みして，4回繰り返します。

4回
繰り返す

みちお先生のケアポイント

・手首，ひじを柔らかく動かすように意識してしましょう！

笑いのテクニック
・波の動作のあとに，サーフィンのマネを入れても楽しいです！

13　ロケット発射

胸の前で両手を合わせて両腕を上に伸ばしましょう！

ねらい
とききめ　　体側のストレッチ　　声を出す

楽しみかた

①　両手を胸の前で合わせます。

②　「３・２・１・０」と声を出してカウントダウンをします。０のときに，手を合わせたまま頭の上に伸ばします。

③　一休みして，４回繰り返します。

みちお先生のケアポイント

・両足を肩幅にひらいてすると，上体が安定します。

笑いのテクニック

・支援者はシニアといっしょに声を出してすると，楽しくできます！

🔴14　押したら引いて

どちらかが押したら，どちらかは引きましょう！

ねらい
とききめ　（反応力アップ）　（腕の曲げ伸ばし）

楽しみかた

① 　支援者はシニアと向かい合わせになります。

② 　両手を胸の前でパーにして，お互いの手と手を合わせるマネをします。

③ 　支援者が押すマネをしたらシニアは引くマネを，反対に，支援者が引く
マネをしたらシニアは押すマネをしましょう！

みちお先生のケアポイント

・ゆっくりとていねいに動作しましょう！

笑いのテクニック

・支援者は，両腕を，上に伸ばしたり，横にひろげたり，想定外の動作を
しても笑えます！

⑮ 胸張って富士の山

「ふじの山」を歌いながら体を動かしましょう！

ねらい
ときき め
〔 姿勢保持 〕 〔 足腰強化 〕

楽しみかた

① 「ふじの山」（♪あたまを雲の上に出し〜）を歌いながら体操をします。

② 「あたまを雲の上に出し」は胸を張ります。「四方の山を見おろして」は
首をぐるっと回します。

③ 「かみなりさまを下に聞く」は足ぶみをします。「富士は日本一の山」は
胸を張って一番いい顔をします。

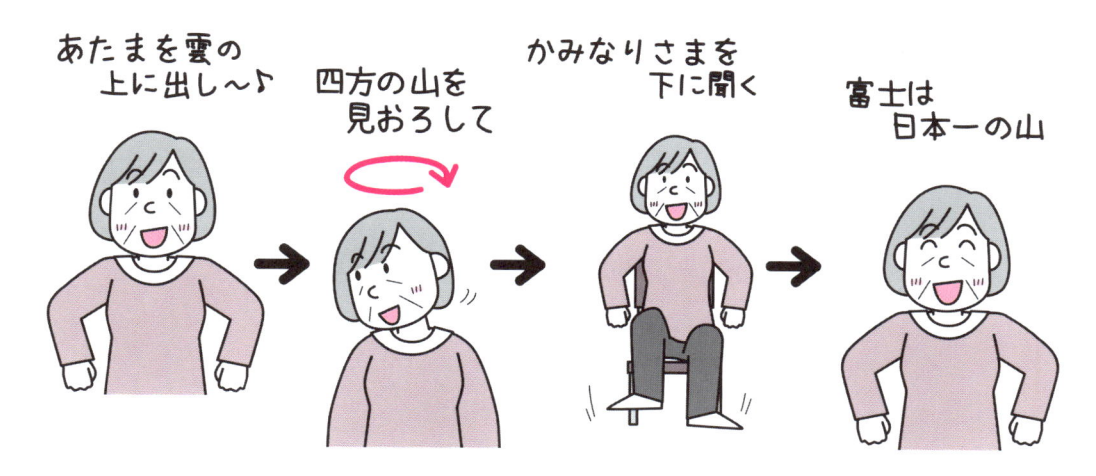

あたまを雲の　　　　　　　　　　　　かみなりさまを
上に出し〜♪　　四方の山を　　　　　下に聞く　　　　富士は
　　　　　　　　見おろして　　　　　　　　　　　　　日本一の山

みちお先生のケアポイント

・元気に声を出して，どうぞ！

笑いのテクニック

・一つひとつの動作を大げさにすると楽しくできます！

⑯ 三日月のポーズ

片手を頭の上に置いて，上体を倒しましょう！

ねらい
とききめ (体側のストレッチ) (バランス感覚維持)

楽しみかた

① 足を肩幅にひらいて座り，背筋を伸ばします。

② 右手を頭の上に置いて，上体を左に倒します。

③ 元に戻します。左手を頭の上に置いて，上体を右に倒して元に戻します。
（交互に２回ずつ）

手を替えて
同様に

みちお先生のケアポイント

・イスからの転倒に注意。バランスを保つよう，ゆっくりとていねいに動
作しましょう

笑いのテクニック

・最後にモリモリポーズをして終わると楽しくできます。

ハートマーク体操で笑った認知症の女性

ハートマーク体操をしていてよかったことがあります。
ある認知症の女性シニアの話です。

その日も，あまり浮かない表情をしていました。
ボクともあまり目を合わせようとしません。
現場スタッフも，反応が気になるようです。
心配そうに見守っています。

ところが，ある体操で反応がありました。
そうです。ハートマーク体操です。

　ボクは，その人の目の前に行きました。
　そして，顔の前で，ハートマーク
クをつくりました。
　しっかりと視界に入るように，
顔の真ん前で。
　すると，驚いたことに，表情に
変化が。
　なんと，ニッコリ笑ったのです。

　それを見た現場スタッフの方々
もおおよろこびです。
　女性シニアも現場スタッフも笑顔になる。
　みんなが笑顔になる。

「この仕事をしていてよかった」

しみじみとそう思う瞬間でした。

🔴17 だるまさんが止まった

「だるまさんがころんだ」に合わせて，動作をストップしましょう！

■ ねらい
と ききめ （足腰強化）（バランス力アップ）

楽しみかた

① 支援者はシニアと向かい合わせになります。

② 支援者は「だるまさんがころんだ」と言います。シニアは，支援者が声を出している間，腕を振って足ぶみをします。

③ 「ころんだ」の「だ」のタイミングで，シニアはそのままの動作でストップします。うまく止まれば大成功です。

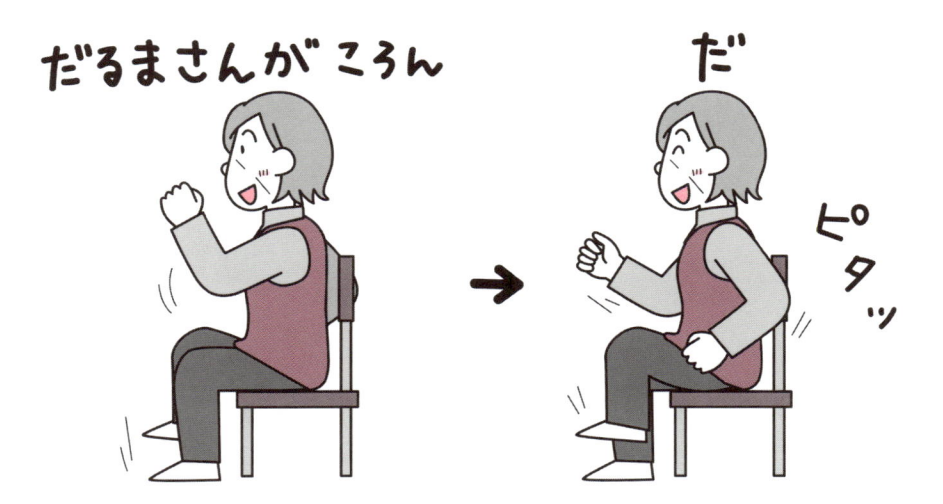

みちお先生のケアポイント

・腕を前後に大きく振って，足ぶみすると運動効果がアップします！

笑いのテクニック

・支援者は，はやく言ったり，ゆっくり言ったりして，言葉に緩急をつけるとより楽しくできます！

⑱ なんちゃって腕立て伏せ

イスに腰かけたままで，腕立て伏せのマネをしましょう！

ねらい
とききめ　（腕と腰のストレッチ）

楽しみかた

①　足を肩幅にひらいて座り，両手をひざの上に置きます。

②　腕立て伏せをするようにして，体を前に倒したり起こしたりして，腕を曲げ伸ばしします。

③　5回して一休み。2セットします。

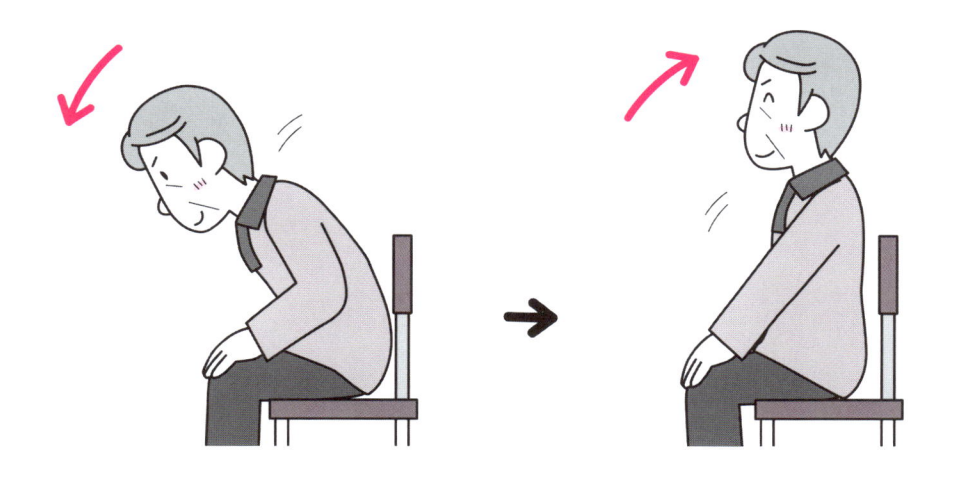

みちお先生のケアポイント

・できる限り，体を前に倒しましょう！

笑いのテクニック
・余裕の表情でしたり，つらそうにしたり，動作に表現の変化をつけると楽しいです！

⑲ 声だけパンチ

声は強く，動作は弱くしましょう！

ねらい
ときめき　〔 声を出す 〕〔 手先の器用さ維持 〕

楽しみかた

① 足を肩幅にひらいて，胸を張ります。
② 「エイ！」と声を出して，弱いパンチをします。（声は強く，動作は弱く）
③ 手を替えて同様にします。

エイ！　手を替えて同様に

みちお先生のケアポイント

・手を軽くにぎって，静かに動作をすると弱いパンチになります！

笑いのテクニック

・反対に，「エイ」とやさしい声で，パンチを強くしてもおもしろいです！

㉚ 足ぶみそっくりさん

テンポや強弱を変えながら足ぶみしましょう！

ねらい
とききめ　　　足腰強化　　　反応力アップ

楽しみかた

①　支援者はシニアといっしょに足ぶみをします。

②　支援者は，ゆっくり，速く，強く，弱く，とテンポや強弱をランダムに
変えて足ぶみをします。シニアはそれを見ながらマネをします。

③　8歩して一休み。4回繰り返します。

足ぶみ
8歩

4回
繰り返す

みちお先生のケアポイント

・支援者は一つひとつの動作を大げさにすると，シニアにも動作の違いが
伝わりやすいです！

笑いのテクニック

・胸をたたいたり，モリモリポーズをしながら足ぶみしても楽しいです！

21 入場行進

胸を張って，腕を大きく振って足ぶみしましょう！

ねらい
とききめ 足腰強化 姿勢保持

楽しみかた

① 肩と腕の力を抜いて，背筋を伸ばします。
② 胸を張って，腕を大きく振って，足ぶみを8歩します。
③ 8歩目に，両手をひざに置いて，ピタッと静止します。一休みして，4回繰り返します。

足ぶみ8歩　　→　ピタッ　4回繰り返す

みちお先生のケアポイント

・足先だけでなく，ひざを上げるように意識すると効果的です！

笑いのテクニック
・③のときに，自分の中で一番いい顔をすると，元気が出ます！

㉒ おみこし体操

威勢よく声を出して，おみこしを担ぐマネをしましょう！

ねらい
とききめ　　肩の柔軟性維持　　声を出す

楽しみかた

① 　支援者は，おみこしを担ぐマネをして「ワッショイ！」と声を出します。

② 　同様に，シニアもおみこしを担ぐマネをして「ワッショイ！」と言います。

③ 　一休みして，４回繰り返します。元気に明るい声が出たら最高です。

みちお先生のケアポイント

・支援者が元気に声を出してすると，シニアもつられて元気な声が出ます！

笑いのテクニック

・「ワッショイ！」の言い方をゆっくりしたり，速くしたり変化をつけると楽しくできます！

㉓ ボクシング体操

ねらいを定めてパンチを打ちましょう！

ねらい
とききめ　　（ 握力アップ ）（ 反応力アップ ）

楽しみかた

① 　支援者はシニアと向かい合わせになります。

② 　支援者は両手をパーにして，上下左右にランダムに動かします。

③ 　シニアは，支援者の手のひらをねらって，パンチを打つマネをします。
　じょうずにできたら大成功です！

みちお先生のケアポイント

・急がずに，ゆっくりとていねいに動作しましょう！

笑いのテクニック

・プロボクサーになったつもりですると，盛り上がります！

㉔ 親指づかみ

親指を中に入れて力一杯手をにぎりましょう！

ねらい
とききめ　　(握力アップ)

楽しみかた

① 片腕を前に伸ばして，グーにします。

② 親指をほかの４本の指でつかむようにして，力一杯手をにぎります。

③ 手を替えて同様にします。（交互に２回ずつ）

カー杯
にぎります

手を替えて
同様に

みちお先生のケアポイント

・あまり力みすぎないように。「フー」と息を吐きながらしましょう！

笑いのテクニック

・最後にガッツポーズをして終わると楽しいです！

㉕ ドキドキの指ハート

指と指を合わせてハートマークをつくりましょう！

ねらい とききめ　〔 手先の器用さ維持 〕

楽しみかた

① 親指と人差し指を伸ばします。
② 親指と人差し指を交差してハートマークをつくります。
③ 手を替えて同様にします。ニッコリ笑ってどうぞ！

手を替えて同様に

みちお先生のケアポイント

・親指と人差し指の第一関節を交差させるとうまくできます！

笑いのテクニック
・自分の中で一番いい顔をしてすると楽しいです！

㉖ 全部の指でハートマーク

全部の指を使って，ハートマークをつくりましょう！

ねらい
とききめ   （ 手先の器用さ維持 ）

楽しみかた

① 親指と親指を下にしてくっつけます。

② 残りの４本の指同士（人差し指，中指，薬指，小指）もつけて，ハートをつくります。

③ ニッコリ笑顔でできたら最高です。

みちお先生のケアポイント

・両腕でマルをつくるようにして，両腕を大きく動かしてつくりましょう！

笑いのテクニック

・誰かのことを，ハートマークからのぞき込んで見ると，ドキドキします！

㉗ 天使のハート

親指と人差し指でハートマークをつくりましょう！

ねらい とききめ 　　指のストレッチ

楽しみかた

① 　両手をパーにして，親指と人差し指の指先をつけてハートマークをつくります。

② 　ほかの3本の指（中指，薬指，小指）は，まっすぐに伸ばします。

③ 　ニッコリ笑って，どうぞ！

みちお先生のケアポイント

・ニッコリ笑って，どうぞ！

笑いのテクニック
・これを誰かに向けてすると，気分が高まります！

28 グーハート

親指を立てて，ハートマークをつくりましょう!!

ねらい
とききめ　　〔 指のストレッチ 〕

楽しみかた

① 　両手をグーにして，親指を立てます。
② 　そのまま親指を下にして，グー同士をくっつけます。
③ 　ニッコリ笑って，どうぞ！

みちお先生のケアポイント

・胸の高さで両手を合わせると，かんたんにできます！

笑いのテクニック

・支援者とシニアが片方（片手）ずつ合わせるマネをしても楽しいです！

(29) 合体ハートマーク

ふたりで指と指を合わせてハートマークをつくりましょう！

■ **ねらい**
とききめ　(手先の器用さ維持)

楽しみかた

① 片手の人差し指と親指を伸ばします。
② 支援者とシニアで，指と指を合わせてハートマークをつくります。
③ 反対の手で同様にします。

みちお先生のケアポイント

・親指が下になるようにすると，かんたんにできます！

笑いのテクニック
・ハートマークができたら，ふたりで目と目を見つめ合ってニッコリ笑うと盛り上がります！

㉚ ハートの連続パス

ハートマークを続けて送りましょう！

ねらい とききめ 〔手先の器用さ維持〕

楽しみかた

①　４,５人で円になります。

②　支援者は，２回拍手して，（両手の親指と人差し指で）ハートマークを
つくって，誰かに送ります。

③　ハートマークを送られた人は，ハートマークを支援者に送ります。それ
を繰り返します。

パン
パン

みちお先生のケアポイント

・相手の目をしっかりと見て，ハートマークをつくるのがコツです！

笑いのテクニック
・ニッコリ笑ってすると，盛り上がります！

③① 逆ハートマーク

両手をつけて逆さまのハートマークをつくりましょう！

ねらい
とききめ （手先の器用さ維持）

楽しみかた

① 両手をパーにして，手のひらを前にします。
② ハートが逆さまになるような感じで，親指と親指，人差し指と人差し指をくっつけます。
③ ニッコリ笑って，どうぞ！

みちお先生のケアポイント

・親指を適度に曲げると上手にできます！

笑いのテクニック
・ハートの中から，誰かをのぞき込むようにして見ると，笑えます！

32 特大ハート

胸を張って，両腕で大きなハートマークをつくりましょう！

ねらい
とききめ　　〔 姿勢保持 〕　〔 肩の柔軟性維持 〕

楽しみかた

① 足を肩幅にひらいて，胸を張ります。

② 大きなハートの形をつくるようにして，両手の指先を頭につけます。

③ ニッコリ笑って，どうぞ！

みちお先生のケアポイント

・両腕で大きなマルをつくるようにしてみましょう！

笑いのテクニック

・笑ったり，驚いたり，怒ったり，表情を変えると楽しくできます！

33 ギターと手拍子

ひとりはギターを弾くマネを，もうひとりは手拍子をしましょう！

ねらい
とききめ　（手首の柔軟性維持）（リズム体感）

楽しみかた

① 支援者はギターを弾くマネをして，シニアは手拍子をします。
② 最後は，片足を上げて，ドンと下ろします。
③ ふたりの足を下ろすタイミングがピッタリ合えば，最高です！

ドン

みちお先生のケアポイント

・とくに，ギターの動作を大げさにすると，ふたりのリズムが合いやすくなります！

笑いのテクニック
・最後はニッコリ笑ってハイタッチのマネをして終わると楽しくできます！

㉞ あべこべあいさつ

「こんにちは」と言われたら「こんばんは」とあいさつしましょう！

**ねらい
とききめ** 　(反応力アップ)

楽しみかた

① 　支援者はシニアと向かい合わせになります。

② 　支援者が「こんにちは」と言ったら，シニアは「こんばんは」と言います。反対に，支援者が「こんばんは」と言ったら，シニアは「こんにちは」と言います。

③ 　支援者は，「こんにちは」と「こんばんは」をランダムに繰り返します。

こんにちは   こんばんは

みちお先生のケアポイント

・おじぎの動作もいっしょにどうぞ！

笑いのテクニック

・支援者は，「ありがとうございます」や「よろしくお願いします」など，想定外の言葉を言ってみるのも楽しいです！

㉟ 10 まで言えたら大成功

3の倍数を言わずに，10かぞえましょう！

楽しみかた

① 支援者は，シニアといっしょに，手をたたきながら 10 かぞえます。

② ただし，3の倍数（3，6，9）は，お休み（たたかない，言わない）します。

③ ふたりで間違えずにできれば，大成功です！

みちお先生のケアポイント

・はじめはゆっくりと，慣れてきたら徐々にテンポアップしましょう！

笑いのテクニック

・3の倍数で，人差し指をほっぺにつけて，ニッコリ笑う，としても楽しいです！

36 グーパーとグーチョキパー

グーパーとグーチョキパーをふたりで別々に同時にしましょう！

ねらい
とききめ　〔 手先の器用さ維持 〕〔 集中力アップ 〕

楽しみかた

① 支援者は「グーパー」と声を出して，グーパーをします。

② シニアは「グーチョキパー」と声を出して，グーチョキパーをします。

③ これをふたり同時にします。間違えても気にせずに，繰り返してどうぞ！

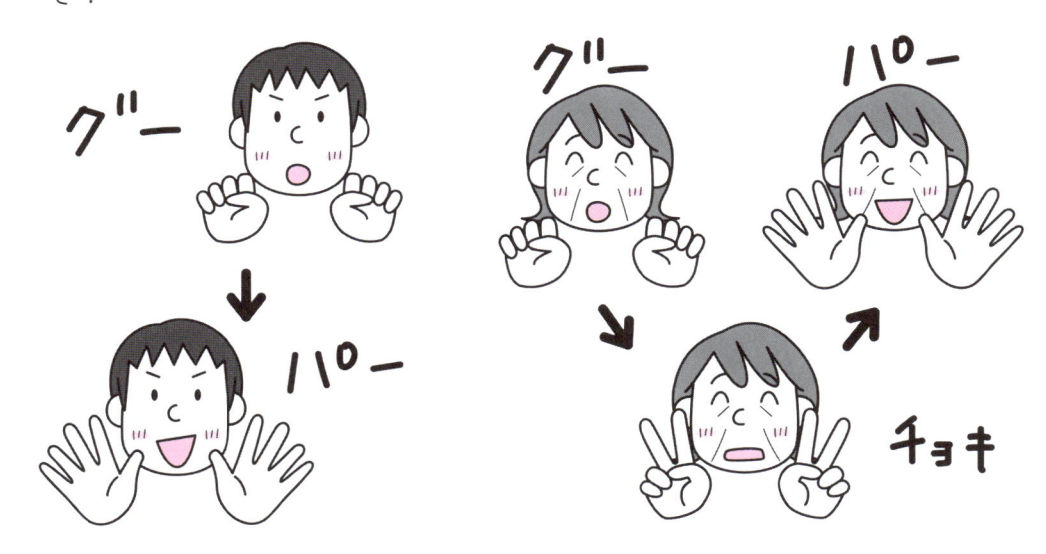

みちお先生のケアポイント

・元気に声を出してどうぞ！

笑いのテクニック

・うまくやろうとせずに，失敗を楽しむつもりですると，楽しくできます！

㊲ ランダムなグーチョキパー

グーチョキパーの順序を変えて，やってみましょう！

ねらい
と きゅめ

(記憶力維持) (握力アップ)

楽しみかた

① 支援者は両手で，グーチョキパー，パーチョキグー，チョキグーパーの
いずれかひとつをします。
② それを見て，シニアもマネをします。
③ 間違えずにできたら大成功です。支援者はランダムに繰り返します。

シニアも マネします

みちお先生のケアポイント

・ゆっくりとていねいに動作しましょう！

笑いのテクニック
・元気に声を出しながらすると，もっと楽しくできます！

38 車を持ち上げてください?!

頭の中で想像力を働かせて, いろいろなモノを持ち上げましょう！

ねらい
とききめ　（ イメージ力アップ ）

楽しみかた

① 支援者は, 「〇〇を持ち上げてください」とシニアに言います。

② シニアは, 〇〇をイメージして, 持ち上げるマネをします。

③ 段ボール, バケツ, イス, 机, 車など, あり得ないものまで, 持ち上げちゃいましょう！

段ボールを
持ち上げてください

みちお先生のケアポイント

・はじめは, 段ボールなど, かんたんなものからスタートしましょう！

笑いのテクニック

・持ち上げるとおもしろそうなもの：バーベル, ベッド, 大木, 米俵, 船などなど。

（39）針の穴にとおす

指で輪をつくり，輪の中に人差し指をとおしましょう！

ねらい
とききめ　指のストレッチ　集中力アップ

楽しみかた

① 　人差し指と親指で輪をつくります。
② 　目をとじて，つくった輪に（反対の手の）人差し指をとおします。
③ 　うまく輪の中に人差し指がとおれば，大成功です！

みちお先生のケアポイント

・できる限り，指をまっすぐにピンと伸ばすとストレッチ効果が上がります！

笑いのテクニック
・わざと失敗（指が輪の外を通過する）しても，笑えます！

㊵ 頭肩ひざポン

頭，肩，ひざの順にさわって，手をたたきましょう！

ねらい
とききめ　肩の柔軟性維持　記憶力維持

楽しみかた

① 支援者は，頭→肩→ひざの順に両手でさわって，最後に拍手します。

② そのあとで，シニアがマネできたら大成功です！

③ 支援者は，頭→ひざ→肩→拍手や，ひざ→肩→頭→拍手など，順序をランダムに変えて繰り返します。

肩

頭

ひざ

拍手

みちお先生のケアポイント

・「頭・肩・ひざ・ポン」など，声を出してするとわかりやすいです！

笑いのテクニック

・どこかでガッツポーズやモリモリポーズを追加しても楽しいです！

コラム❷

先生，赤着て！

「先生，赤着て！」
「赤の方がいい！」

ある女性シニアから，ボクに，こんなリクエストがありました。

ボクが体操をするときの服装は，赤いポロシャツに紺のズボンです。
ところがこの日，ボクは，白いポロシャツを着ていました。
「白」よりも「赤」がいい。ということです。
こんなリクエストは，はじめてです。

そういうことなら。と，思い切って，チェーンジ！
次の体操では，こう変えてみました。

白のジーパン。
ピンクのワイシャツ。
しかも，ちょっと派手な柄。

はたして，女性シニアの反応はいかに？

「先生，ピンク似合う！」
「ステキ！」

とてもよろこんでいただけました。

体操するのに，スポーツウェアを着る。なんて決まりはありません。
ワイシャツだって，ジーパンだって構いません。
それで，よろこんでくれる人がいるなら。

そんなドキドキもあります。

41 3連勝じゃんけん

じゃんけんをして3回続けて勝ちましょう！

■ **ねらい**
　ときぎめ　　（手先の器用さ維持）　（記憶力維持）

楽しみかた

① 　支援者とシニアでじゃんけんをします。

② 　どちらかが先に3連勝すれば勝ちとします。ただし，途中で負けたらまた最初からやり直します。

③ 　「じゃんけんぽい」と元気に声を出して，どうぞ！

じゃんけん ぽい

みちお先生のケアポイント

・力強い動作でじゃんけんをしましょう！

笑いのテクニック

・時間に余裕があれば，5連勝にしても楽しいです！

㊷ どっち向いてホイ

右か左か，ふたりで同じ方向を向くようにしましょう！

ねらい
とききめ 〔 首のストレッチ 〕

楽しみかた

①　支援者はシニアと向かい合わせになります。

②　はじめに正面を見て，「せーのー！」の合図で，ふたり同時に，右か左を向きます。

③　ふたりが同じ方向を向いたら，大成功です！

みちお先生のケアポイント

・元気に声を出してすると，動作のタイミングが合います。

笑いのテクニック

・大成功したあとに，ハイタッチのマネをすると，もっと盛り上がります！

43 ひじをあごにつけてください?!

「ひじをあごにつけてください」と言って，最後にタネあかしをしましょう！

肩の柔軟性維持　　ドッキリ

楽しみかた

①　支援者はシニアに「ひじをあごにつけてください」と言います。

②　シニアはひじをあごにつけようとします。（が，つきません）

③　何度か試したあと，タネあかしします。支援者のひじをシニアのあごに
つけるマネをして，ニッコリ笑って終わります。

みちお先生のケアポイント

・（いかにもふつうの体操のように）はじめに肩を上げ下げしたり，肩を
まわしたりしたあとにすると効果的です！

笑いのテクニック

・最後に，支援者は，両手を合わせて，（意地悪して）ごめんなさいの
ポーズをすると笑いになります！

44 俳句拍手

5・7・5のリズムに合わせて手をたたきましょう！

ねらい
と ききめ

(手先の器用さ維持) (声を出す)

楽しみかた

①　5・7・5のリズムに合わせて，「タタタタタ・タタタタタタタ・タタタタタ」と手をたたきます。

②　「タタタタタ・タタタタタタタ・タタタタタ」と声を出してします。

③　一休みして，4回繰り返します。

タタタタタ・

タタタタタタタ・

タタタタタ

4回
繰り返す

みちお先生のケアポイント

・支援者とシニアがいっしょにしてもオッケーです！

笑いのテクニック

・「古池や蛙飛び込む水の音」など，実際の俳句を声に出して手をたたいても楽しいです！

㊺ 呼んで呼ばれて

自分の名前を呼ばれたら，ほかの誰かの名前を呼びましょう！

ねらい
ときめ　（反応力アップ）（記憶力維持）

楽しみかた

① 　4，5人で円になります。
② 「タン・タン・〇〇さん」というように，支援者は2回手をたたいて，自分以外のほかの誰かの名前を言います。
③ 　同様に，名前を呼ばれた人は，2回手をたたいて，ほかの誰かの名前を言います。これを繰り返します。

タン・タン・〇〇さん

みちお先生のケアポイント

・全員でいっしょに手をたたくと，リズム感がよくなります！

笑いのテクニック

・みっちゃん，けんちゃん，ともちゃん，など，〇〇ちゃんと呼ぶようにすると，もっと楽しくできます！

㊻ 相合傘じゃんけん
あいあいがさ

相合傘のマネをして足ぶみしましょう！

ねらい
とききめ　　(足腰強化)

楽しみかた

① 　支援者はシニアの隣に，（椅子を横に並べて）横並びに座ります。

② 　支援者はシニアとじゃんけんをします。負けた人は傘をさすマネをして，
ふたりでいっしょに8歩足ぶみします。

③ 　じゃんけんをして，同様に繰り返します。

足ぶみを
8歩

みちお先生のケアポイント

・8歩，声を出してかぞえてしましょう！

笑いのテクニック
・腕を組んで歩くマネをしても楽しいです！

47 ロイヤルストレート

5人で，指1本から指5本まで，全部そろえましょう！

ねらい とききめ	指のストレッチ

楽しみかた

① 　5人で円になります。片手をグーにして前に出します。

② 　「せーのー」の合図で，それぞれ，指を1本，2本，3本，4本，5本のいずれかを出します。

③ 　見事，1本から5本まで全部そろえば，大成功です！

せーーの！

みちお先生のケアポイント

・4人のときは，1本から4本までにして，同様にできます！

笑いのテクニック

・すぐにそろうよりも，なかなかそろわない方が，そろったときのよろこびが倍増します！

48 ビフォーアフター

はじめのポーズとどこがどう変わったのか見破りましょう！

ねらい
とききめ　（記憶力維持）

楽しみかた

① シニアは，支援者のポーズを見て覚えて，そのあとで，どこが変わったのかを当てます。

② たとえば，支援者は，足を肩幅にひらいて，腕組みをします。シニアはこのポーズを覚えます。

③ シニアが目をとじている間に，支援者は，足をとじて，腕組みをします。前後の違いがわかったら大成功です！

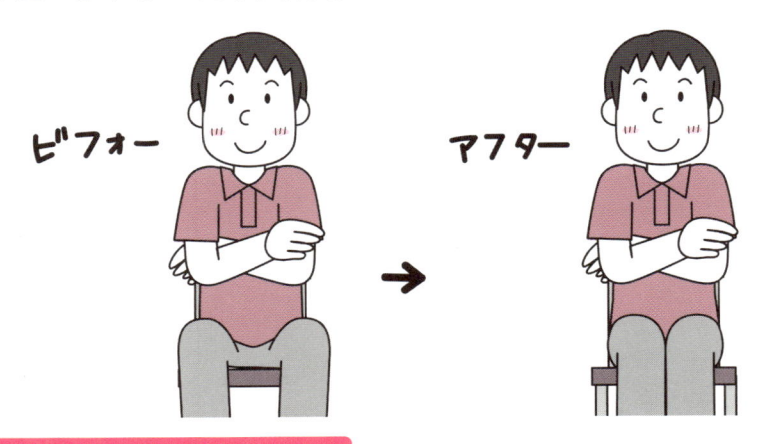

ビフォー　→　アフター

みちお先生のケアポイント

・変える場所は，初め1か所だけに限定します。かんたんなようであれば，2か所，3か所と増やしていきましょう！

笑いのテクニック

・笑ったり，驚いたり，いい顔をしたり，表情に変化をつけて，変わったことにしても楽しいです！

㊾ 算数じゃんけん

じゃんけんをして，足し算したり，引き算したり，掛け算したり
しましょう！

ねらい
とききめ　（反応力アップ）

楽しみかた

①　グーを１，チョキを２，パーを５とします。

②　支援者は，足し算，引き算，掛け算のいずれかひとつを指定します。

③　支援者とシニアでじゃんけんをします。「せーのー」の合図でこたえを
同時に言います。ふたりとも正解したら，大成功です！

みちお先生のケアポイント

・むずかしければ，足し算だけにしたり，足し算と引き算にしてもオッ
ケーです！

笑いのテクニック

・ふたりとも正解したら，ふたりでハイタッチのマネをしてよろこびを分
かち合うと楽しいです！

㊿ 記憶野菜

ふたりで野菜の名前を交互に言い合いましょう！

ねらい
ときめき （ 記憶力維持 ）

楽しみかた

① 支援者は，「きゅうり」と野菜の名前をひとつ言います。

② シニアは，「きゅうり，なす」と，新しい野菜を付け足して言います。

③ 同様に支援者とシニアで交互に繰り返します。いくつまで続くか，楽しんでトライしましょう！

みちお先生のケアポイント

・むずかしいときは，教え合ったりして，ふたりで協力し合ってもオッケーです！

笑いのテクニック

・「どらやき」とか「ラーメン」など，わざと野菜以外の名前を言って，間違えても笑えます！

おわりに

シニアには変化と刺激のある体操を

ボクは，シニアの心を刺激するのが大好きです。

目と目を見つめ合ったり。
大きな声を出したり。
変な顔をしたり。
変なポーズをしたり。
ハートマークをつくったり。
かと思えば，急にマジメに体操したり。

こんなふうにして，変化と刺激のある体操をしています。

実は，ボクは，ラジオ体操が好きではありません。
決められたことを，決められたとおりにする。
毎回毎回，同じことを繰り返す。
全員が，きちんとそろっていなければいけない，あの感じ。
それが，どうしても「楽しい」とは思えないからです。
とくに，要介護シニアには不向きな感じがします。

ボクが体操をするのは，おもに介護現場です。
対象者は，要介護シニア。
ボクが知る限り「体操をして健康を維持しよう」と思う人はごく少数です。
高齢になると，体を動かすのが億劫になります。

「健康のために体を動かしましょう」と言っても無理です。
　たとえ無理矢理に参加してもらっても，途中で，あきてしまったり，居眠りしたりします。

体操するなら，長続きしないと意味がありません。
　長続きさせるなら，「楽しそう」，「またやりたい」と思ってもらわなければなりません。
　なので，要介護シニアに体操してもらうには，

「絶対に寝かせない」
「とにかく緩急をつけて興味関心を引きまくる」

という心構えでいます。

それを繰り返していけば，必ず体操が楽しくなります。
そして，いつの間にか体操スキルもアップしています。

体操はメンタルが９割です。
要介護シニアに体を動かしてほしい。
いつまでも健康でいてほしい。
そう思うなら，変化と刺激のある体操を。

体操が，今よりも，もっともっと楽しくなりますように。

　令和６年 10 月
　　　　　　　　楽しい体操インストラクター　斎藤道雄

著者紹介

●斎藤道雄

体操講師，ムーヴメントクリエイター，体操アーティスト。

クオリティ・オブ・ライフ・ラボラトリー主宰。

自立から要介護シニアまでを対象とした体操支援のプロ・インストラクター。

体力，気力が低下しがちな要介護シニアにこそ，集団運動のプロ・インストラクターが必要と考え，運動の専門家を数多くの施設へ派遣。

「お年寄りのふだん見られない笑顔が見られて感動した」など，シニアご本人だけでなく，現場スタッフからも高い評価を得ている。

［お請けしている仕事］

○体操教師派遣（介護施設，幼稚園ほか）　○講演　○研修会　○人材育成　○執筆

［体操支援・おもな依頼先］

○養護老人ホーム長安寮

○有料老人ホーム敬老園（八千代台，東船橋，浜野）

○淑徳共生苑（特別養護老人ホーム，デイサービス）ほか

［講演・人材育成・おもな依頼先］

○世田谷区社会福祉事業団

○セントケア・ホールディングス（株）

○（株）オンアンドオン（リハビリ・デイたんぽぽ）ほか

［おもな著書］

○『シニアのみんなで大笑いできるゲーム＆体操 50』

○『シニアのズルして足腰＆おしりを鍛える体操 40　付・爆笑ビニールふうせん体操 10』

○『脳も体も一緒に元気になる幸せ体操 40　付・みんなが幸せになれるゲーム 10』

○『脳も体も一緒に元気になる長生き体操 40　付・タオル体操 10』

○『脳も体も一緒に元気になる健康体操 40　付・新聞棒体操 10』

○『思いっきり笑える！　シニアの足腰を強くする転ばない体操 40　付・ペットボトル体操 10』

○『思いっきり笑える！　シニアの笑顔ストレッチ＆体ほぐし体操 40　付・新聞紙体操 10』

○『思いっきり笑える！　要介護シニアも集中して楽しめる運動不足解消体操 40　付・お手玉体操 10』

（以上，黎明書房）ほか多数

［お問い合わせ］

ホームページ「みちお先生の体操指導 QOL ラボ」: http://qollab.online/

メール： qollab.saitoh@gmail.com

＊イラスト・さややん。

シニアのドキドキ！　ハートマーク体操&ゲーム 50

2024 年 12 月 1 日　初版発行

著　者	斎　藤　道　雄	
発行者	武　馬　久仁裕	
印　刷	藤原印刷株式会社	
製　本	協栄製本工業株式会社	

発　行　所　　　　　　　　　株式会社　黎　明　書　房

〒460-0002　名古屋市中区丸の内 3-6-27　EBS ビル　☎ 052-962-3045

FAX 052-951-9065　振替・00880-1-59001

〒101-0047　東京連絡所・千代田区内神田 1-12-12　美土代ビル 6 階

☎ 03-3268-3470

シニアのみんなで大笑いできる ゲーム＆体操 50 斎藤道雄著　　　　B5・63頁　1720 円	「あっち向いてニッコリ」「あっぷっぷストレッチ」など，大笑いできるゲーム 25 種と大笑いできる体操 25 種紹介。施設でシニアとスタッフが一緒に大笑い！　お一人でも楽しくできます。2 色刷。
シニアのズルして足腰＆おしりを鍛える 体操 40　付・爆笑ビニールふうせん体操 10 斎藤道雄著　　　　B5・63頁　1720 円	「にらめっこ腹筋」「かかしのおしり」など，楽して転倒予防や尿漏れ防止をするかんたん体操です。支援者もシニアも楽して効率的に体操ができます。もちろん，お一人でも！　2 色刷。
脳も体も一緒に元気になる幸せ体操 40 付・みんなが幸せになれるゲーム 10 斎藤道雄著　　　　B5・63頁　1720 円	脳も体も一緒に健康！　できてもできなくても楽しい「なりきりロックバンド」などの体操 40 種と，勝ち負けにこだわらないみんなが幸せな気持ちになれるゲーム 10 種を紹介。2 色刷。
脳も体も一緒に元気になる長生き体操 40 付・タオル体操 10 斎藤道雄著　　　　B5・63頁　1720 円	運動不足解消と脳の活性化が同時にできる，思わず笑いが生まれる「数えてグーチョキパー」などの体操 40 種と，タオルを使った簡単で楽しい体操 10 種を紹介。2 色刷。
脳も体も一緒に元気になる健康体操 40 付・新聞棒体操 10 斎藤道雄著　　　　B5・63頁　1720 円	運動不足解消と脳トレが同時にできる 40 種の健康体操を収録。「だるまさんがころんだ」などの体操で，頭と体を楽しく動かしましょう！　新聞棒を使った簡単で楽しい 10 の体操も紹介。2 色刷。
思いっきり笑える！　シニアの足腰を強くする 転ばない体操 40　付・ペットボトル体操 10 斎藤道雄著　　　　B5・63頁　1720 円	足腰を強くし運動不足も解消する一挙両得の「つまずかない転ばない体操」で，シニアも支援者も笑顔に！　ペットボトルを使った簡単で盛り上がる体操も紹介。2 色刷。
思いっきり笑える！　シニアの笑顔ストレッチ ＆体ほぐし体操 40　付・新聞紙体操 10 斎藤道雄著　　　　B5・63頁　1720 円	笑顔ストレッチで脱マスク老け！　「レロレロ体操」「キリンの首伸ばし」などの楽しい体操で，全身をほぐしましょう。新聞紙を使った簡単で盛り上がる体操も紹介。2 色刷。
コピーして使えるボケ防止の楽楽クイズ＆パズル② **日本の名所・名物＆算数・漢字 ＆判じ絵遊び 44** 脳トレーニング研究会編　　B5・72頁　1780 円	日本中の名所や名物にちなんだパズルやクイズを多めに収録しました。その他，見分ける力や記憶力を高める遊び，漢字，算数クイズなどを満載。カラー 8 頁。
コピーして使えるいきいき脳トレ遊び⑧ **シニアのクイズ＆都道府県パズル・ クイズで楽しく脳トレ** 脳トレーニング研究会　　　B5・71頁　1760 円	身近な都道府県をテーマにしたクロスワードパズル，間違いやすい県名クイズ，お隣でない都道府県クイズ，都道府県不思議クイズの他，判じ絵や間違いさがし，など 47 種収録。カラー 8 頁。

表示価格は本体価格です。別途消費税がかかります。

■ホームページでは，新刊案内など，小社刊行物の詳細な情報を提供しております。「総合目録」もダウンロードできます。
http://www.reimei-shobo.com/